OFICIOS PARA VIVIR

Mª Carmen Díez Navarro

COLECCIÓN ITES

OFICIOS PARA VIVIR

© Mª Carmen Díez Navarro
© de esta edición: Olé Libros, 2024

ISBN: 978-84-10053-16-8
Depósito legal: V-791-2024
Impreso en España

KALOSINI, S. L.
Grupo editorial **olélibros**
equipo@olelibros.com
www.olelibros.com

A Antoni por su paciencia,
su amor y sus ojos azules.

TENER OFICIO

«Tener oficio» supone haber hecho algo las suficientes veces como para conocerlo a fondo, dominarlo y lograr buenos resultados en su realización. No olvidemos que «oficio» viene del latín *facere* (hacer). Además, comparte raíces con «fácil» porque cuanto más se ejercita una actividad, un material o una técnica, más sencillo nos es su manejo y su producción. Así que cuando alguien se ocupa de determinada tarea, ya sea por trabajo o por afición, goza de las consecuencias de lo que se llama «tener oficio». Es decir, que aquello que hace le es cada vez más asequible, cómodo y satisfactorio.

En este libro que he llamado *Oficios para vivir* he reunido una serie de poemas en los que doy mis claves particulares para entender y desenvolverse entre conceptos cotidianos que me son significativos. Es como si quisiera compartir mis porqués y mis cómos, mi manera de sentir cada asunto, mis matices, mis pretextos, mis resonancias. Un intento de hacerme comprender, de explicar mis emociones, de contar mis sueños y mis sobresaltos, de dar lo que podrían ser algunas pistas para el oficio de vivir.

Soy muy consciente de la particularidad de los sentimientos que aparecen volcados en mis versos, de mi genuina forma de mirar y de que es probable que estos oficios que relato aquí sean tan subjetivos que quizás solo me sirvan a mí misma. Sin embargo, los saco a relucir porque cuando otras personas los han leído, se han dado chispazos y coincidencias que nos han hecho sentir cerca, como si mis palabras produjeran brillos y ecos que despertaran los sentires de otros.

Empecé escribiendo El oficio del niño, El oficio del maestro y El oficio de la escuela y lo hice de un tirón, en un puro impulso. Me hacía falta averiguar los cimientos de estos tres implicados en el hecho educativo, que tanto me conmovían, me apasionaban y me salpicaban de dudas, vuelcos y placeres.

Después me dio por escribir sobre otros oficios varios, según se me iban poniendo a tiro las cosas. Así que escribí el del juego, el del cuento, el de la poesía, el del teatro. Cuando me fijaba en algo y le buscaba el oficio, de pronto me venían las palabras a la boca y los sentimientos a la punta del lápiz. Así nacieron El oficio de la mano, el de los ojos, el de la casa, el del día, el del tango...

De tanto en tanto, me adentraba en los oficios que le veía o le deseaba a alguien querido: El oficio del amigo, el de los novios, el de los padres, el de los abuelos. Hasta probé a bucear en El oficio de la tierra, del mar y del aire para acompañarle los guisos a mi amiga Consuelo en su precioso libro de cocina De alquimias.

Ahora buscar el oficio es una senda mil veces recorrida, un camino trillado, un refugio seguro. De modo que si quiero entrar en un tema, una persona o una circunstancia, le busco el oficio con todo el cariño que puedo recoger o convocar.

Cuando me jubilé, una de mis compañeras, Ariana, me dedicó un poema que se titulaba El oficio de Mari Carmen y que agradezco desde aquí. Con él pude experimentar la sensación de verme atravesada por las palabras que alguien elegía para mí, palabras que probaban a atrapar mi esencia, mi deseo, mi característica manera de estar plantada en el mundo.

Con estos versos termino este pequeño escrito de presentación.

El oficio de Mari Carmen es
dejarse sacudir por una idea,
escribirla a la espera en un semáforo,
pactar con él su tiempo a verde.

El oficio de Mari Carmen es
enamorarse de palabras bonitas,
hacerlas bailar en poesía,
calentar los corazones que las reciben.

El oficio de Mari Carmen es
descubrir y alimentar dones,
ayudar a desplegar alas,
deleitarse observando el vuelo.

El oficio de Mari Carmen es
acunar el deseo y las pasiones,
protegerlas y contagiarlas,
vacunarse así contra el olvido.

Mª Carmen Díez Navarro

Pablo Rodríguez Bordoy

El oficio del niño es descubrir
curiosear la vida
y jugarla
y vestirla de blanco

El oficio del niño

El oficio del niño es descubrir
curiosear la vida
y jugarla
y vestirla de blanco.

De blanco: nuevo, que no de blanco: limpio, ni de blanco: inocente.

De blanco: nuevo, porque cada una de las miradas de cada uno de
                                    [los niños sobre la realidad
es un reinventar la vida,
es un hermoso principio,
una aventura diaria,
y un auténtico privilegio,
cargado de fuerza y de sentido.

El oficio del maestro

El oficio del maestro es escuchar,
acompañar asombros
y vestir los saberes de mañanitas.

El oficio del maestro es aprender (y aprenderse),
es contar (y contarse),
es soñar (y soñarse)
en el festín de estrenar con los niños
la alegría del conocer.

EL OFICIO DE LA ESCUELA

El oficio de la escuela es acoger,
respetar los encuentros,
dar aliento,
alimento
y coraje
a las ganas de saber,
de averiguar
y de estar con los otros
en esto de la vida.

Adriana Estefanía Gaitán

El oficio de los padres es querer,
hacerle sitio al hijo
y regalarle las leyes
y los cariños.

El oficio de los padres

El oficio de los padres es querer,
hacerle sitio al hijo
y regalarle las leyes
y los cariños.

Es un oficio en el que todos somos aprendices,
en el que con cada hijo hay un estreno,
en el que el equilibrio suele ser inestable,
en el que tanto los miedos como las alegrías
abundan y chispean.

Es un oficio que igual nos pone en duda
que nos hace bailar.
Es un oficio que igual nos emociona
que nos escalofría.

Es un oficio viejo, que se vuelve nuevo
con cada hijo, con cada padre, con cada madre.

Es un oficio humano,
es un oficio hermoso,
es un oficio dulce.

Lara Bou

El oficio de los abuelos
es comprender,
pisar con pies de plomo,
esperanzarse.

EL OFICIO DE LOS ABUELOS

El oficio de los abuelos
es admirar,
echarle un lazo a la vida,
emocionarse.

El oficio de los abuelos
es comprender,
pisar con pies de plomo,
esperanzarse.

El oficio de los abuelos
es sonreír,
ver magnífico al nieto,
regocijarse.

El oficio de los abuelos
es disfrutar,
dar un quiebro a las penas,
sentirse en calma.

El oficio de los abuelos
es suspirar,
contar la propia historia,
deshilvanarse.

El oficio de los abuelos
es recordar,
narrar cuentos sentidos,
recuperar memorias.

El oficio de los abuelos
es confundir,
llamarle hijo al nieto,
soñarse joven.

El oficio de los abuelos
es besar y besar,
consentir algún rato,
regalar lo incontable.

El oficio de los abuelos
es dormir mal,
es buscar parecidos,
es jugar a empezares.

El oficio del amigo

El oficio del amigo es amigar,
acercarse a tu alma,
mirar fijo a tus ojos.

El oficio del amigo es confiar,
encontrarse en tu espejo,
creerse tu esperanza.

El oficio del amigo es escuchar,
ayudarte a ver claro,
compartir tus destinos.

El oficio del amigo es alegrar,
cubrir tus soledades,
despejar tu añoranza.

El oficio del amigo es estimar,
acompañar sentires,
enjugarte amarguras.

El oficio del amigo es simplemente estar,
caminar a tu lado,
reír boca con boca.

El oficio del hombre

El oficio del hombre
es caminar,
buscar lugares nuevos,
convocar la esperanza.

El oficio del hombre
es cobijar,
tornar la fuerza en alma,
disfrutar aventuras.

El oficio del hombre
es defender,
jugar plante y palabra,
bailar de cara al viento.

El oficio del hombre
es amorar,
criar cariños largos,
destapar la dulzura.

El oficio del hombre
es alentar,
inventar sentimientos,
susurrar los deseos.

José Miguel Ferrándiz

El oficio de la mujer
es ser persona entera,
es ser mano y abrigo,
es procurar aliento.

EL OFICIO DE LA MUJER

El oficio de la mujer
es ser persona entera,
es ser mano y abrigo,
es procurar aliento.

El oficio de la mujer
es mirar desde adentro,
es sostener cariños,
es brindar emociones.

El oficio de la mujer
es regalar ternuras,
es prestar esperanzas,
es despertar futuros.

El oficio de la mujer
es derramar sonrisas,
es estrenar amores,
es enfrentar las penas.

El oficio de la mujer
es festejar la vida,
es acunar la entraña,
es criar gente nueva.

El oficio de los novios

El oficio de estos novios
es musiquear,
perderse en las melodías,
vibrar juntos compartiendo emociones.

El oficio de estos novios
es mayear,
brindar copas encendidas,
cocinar juntos comiditas calientes.

El oficio de estos novios
es corretear,
luchar soles y montañas,
rodar juntos por las arenas libres.

El oficio de estos novios
es disfrutar,
aupar unos lindos chicos,
repartir miel y canela.

El oficio de estos novios
es parrandear,
chispear bailes y sonrisas,
brotar juntos calorcicos y vida.

El oficio de estos novios
es milonguear,
vivir dulces despertares,
amar juntos cara al alba.

Frederic Quinto-Tomasetti

El oficio del cuerpo es escuchar
acercarse a los otros
compartir carcajadas

El oficio del cuerpo

El oficio del cuerpo es sostener,
pasear sentimientos,
enjugar risas y lágrimas.

El oficio del cuerpo es esconder,
cobijar pensamientos,
guardar fuerzas y deseos.

El oficio del cuerpo es extender,
caminar la experiencia,
prestar piel a la vida.

El oficio del cuerpo es recoger,
acumular sensaciones,
descubrir placeres nuevos.

El oficio del cuerpo es defender,
luchar contra los dolores,
abandonar las desgracias.

El oficio del cuerpo es escoger,
elegir sedas y mieles,
atrapar lunas y cantos.

El oficio del cuerpo es entender,
disfrutar de la belleza,
gozar de la compañía.

El oficio de los ojos

El oficio de los ojos
es besar,
decir que sí y que no,
abrir las puertas.

El oficio de los ojos
es arrullar,
es frenar, es soñar,
es rozar las entrañas.

El oficio de los ojos
es susurrar,
es hablar, es gritar,
es escalar deseos.

El oficio de los ojos
es llorar,
es sufrir, es penar,
es esperar la lluvia.

El oficio de los ojos
es animar,
es cantar, es bailar,
es dar alas al alma.

El oficio de la mano

El oficio de la mano es atrapar,
acariciar la vida
y vestirla de fiesta.

El oficio de la mano es sostener,
acariciar a otros
y dormir entre pieles.

El oficio de la mano es aplaudir,
acariciar el agua
y empaparse de luna.

El oficio de la mano es dibujar,
acariciar colores
y guardar alegrías.

El oficio de la mano es amasar,
acariciar sentires
y coleccionar deseos.

El oficio de la mano es dar a luz,
acariciar palabras
y cobijar secretos.

El oficio del oído

El oficio del oído
es sentir lo que vuela,
es latir lo que canta,
es abrir lo que pulsa.

El oficio del oído
es deletrear emociones,
hilvanar sentimientos,
dar crédito a las voces.

El oficio del oído
es saber lo que escucha,
es querer lo que nombra,
conocer lo que vibra.

El oficio del oído
es atrapar palabras,
alcanzar los acordes,
sacar brillo al sonido.

El oficio de la piel

El oficio de la piel
es cubrir sangre y alma,
es tapar los secretos,
es proteger la entraña.

El oficio de la piel
es decir de ti mismo,
es mostrar tu textura,
es contar tu alboroto.

El oficio de la piel
es sentir frío y gozo,
es temblar de emociones,
es disfrutar placeres.

El oficio de la piel
es rozar otras pieles,
es coleccionar caricias,
es entregar compañías.

El oficio de la piel
es lucir brillo y calma,
es conquistar lisuras,
es aceptar el tiempo.

EL OFICIO DE LA VOZ

El oficio de la voz
es camelar,
es darle paso al alma,
airear lo de adentro.

El oficio de la voz
es contar pensamientos,
es explicar sentires,
es susurrar deseos.

El oficio de la voz
es lanzar energía,
es tender las palabras,
es defender lugares.

El oficio de la voz
es hacer compañía,
acariciar oídos,
revestir de esperanza.

El oficio de la voz
es alcanzar las nubes,
es relatar historias,
es negar el silencio.

El oficio de la voz
es canturrear,
es mecerse en acordes,
es vibrar desde el fondo.

EL OFICIO DE LEER

El oficio de leer es alegrar,
es abrir sonrisa y alma
es amasar confianza.

El oficio de leer es ensanchar,
es dar cabida a saberes,
es trepar al horizonte.

El oficio de leer es regalar,
es estrenar los minutos,
es olvidar sinsabores.

El oficio de leer es encontrar,
es destapar ignorancias,
es rozar sentires nuevos.

El oficio de leer es desear,
es sentirse acompañado,
es saciarse de palabras.

El oficio de leer es suspirar,
es soñar entre silencios,
es añorar aventuras.

El oficio de leer es consolar,
es vestirse piel de otros,
es jugar a ser distinto.

El oficio de leer es escarbar,
es penetrar los secretos,
es parir lágrimas dulces.

El oficio de escribir

El oficio de escribir
es pensar en la vida,
plasmar los sentimientos,
atrapar la experiencia.

El oficio de escribir
es derretir angustias,
explicar desencuentros,
teñirse de esperanza.

El oficio de escribir
es crear permanencia,
inventar otras vidas,
retratar nuestros sueños.

El oficio de escribir
es salvar de lo oscuro,
mirar desde el adentro,
caminar sin zapatos.

El oficio de escribir
es lavar soledades,
poner huella al recuerdo,
desearse con otros.

Sandra Martínez Cancho

El oficio del cuento es acunar,
envolver en palabras,
bautizar sentimientos.

El oficio del cuento

El oficio del cuento es acunar,
envolver en palabras,
bautizar sentimientos.

El oficio del cuento es atrapar,
escudriñar deseos,
descubrir aventuras.

El oficio del cuento es despertar,
abrir sendas al viento,
lucir sueños de antaño.

El oficio del cuento es sonreír,
conjugar fantasías,
amasar miedo y canto.

El oficio del cuento es desgranar,
acariciar oídos,
explicar mil secretos.

El oficio del cuento es contar y contar,
detener tempestades,
conquistar miel y llama.

El oficio del papel

El oficio del papel es recibir,
llenarse de sentimientos,
reflejar piel y alma.

El oficio del papel es calibrar,
retirar los vacíos,
prestar cuerpo al adentro.

El oficio del papel es envolver,
guardarse los ensueños,
cobijar las ausencias.

El oficio del papel es repartir,
extenderse en el viento,
derramarse en palabras.

El oficio del papel es conversar,
ignorar los silencios,
revestirse de voces.

El oficio del papel es recoger,
perdurar en el tiempo,
recordar lo vivido.

El oficio del papel es dibujar,
es mirarse al espejo,
es cubrirse de risas.

El oficio de la poesía

El oficio de la poesía
es respirar,
dar salida al sentir,
prestar voz al calor y a la vida de adentro.

El oficio de la poesía
es convertir
las alegrías en cristal,
y las penas en burbujas desgarradas y tenues.

El oficio de la poesía
es anunciar
que habla una persona,
dando las gracias a las palabras y su cobijadora belleza.

El oficio de la poesía
es ordenar,
mezclar las sensaciones,
desnudar los deseos.

EL OFICIO DEL JUEGO

El oficio del juego es complacer,
hacer vivo lo inerte,
sacar flores del yermo.

El oficio del juego es divertir,
hacer nuevos los sueños,
volver danza el latido.

El oficio del juego es disfrutar,
hacer ser lo imposible,
volver bueno lo malo.

El oficio del juego es sorprender,
hacer útil el miedo,
volver la paja en oro.

El oficio del juego es rescatar,
hacer princesa al alma,
volver rey al mendigo.

El oficio del juego es liberar,
hacer dulce lo amargo,
volver risa lo triste.

El oficio del arte

El oficio del arte
es desnudar bellezas,
es sentir brotes limpios,
es ahogar imposibles.

El oficio del arte
es vestir los deseos,
es pasear los sueños,
es desbrozar caminos.

El oficio del arte
es abrigar angustias,
es deshacer enojos,
es curar desventuras.

El oficio del arte
es destapar secretos,
es exclamar colores,
es inventar lo hermoso.

El oficio del arte
es hablar de uno mismo,
es sentir otras pieles,
es brindarse a la vida.

El oficio de la música

El oficio de la música es animar,
inventar sones nuevos,
desnudar la alegría.

El oficio de la música es expresar,
contar sentires recientes,
abrir las puertas al viento.

El oficio de la música es anunciar,
es airear cascabeles,
es resbalar armonías.

El oficio de la música es valsear,
dejar brincar los ensueños,
desconvocar la locura.

El oficio de la música es silenciar,
es susurrar sentimientos,
es derramar melodías.

El oficio de la música es hilvanar,
coser ritmos y cadencias,
pespuntear cuerpo y alma.

El oficio del teatro

El oficio del teatro
es mirarse en los otros,
es vestirse de largo,
es sentirse en volandas.

El oficio del teatro
es meterse en diabluras,
es peinarse melenas,
es sentirse poeta.

El oficio del teatro
es derramarse a copos,
es pintarse la cara,
es sentirse a destiempo.

El oficio del teatro
es soñarse distinto,
es calzarse tacones,
es sentirse sorpresa.

El oficio del teatro
es reírse y llorarse,
es prenderse emociones,
es sentirse pequeño.

EL OFICIO DEL BAILE

El oficio del baile es parrandear,
menear cuerpo y alma,
convocarte alegrías.

El oficio del baile es hechizar,
poner lujo a tus brazos,
brindarte el alboroto.

El oficio del baile es confiar,
enhebrar emociones,
sentirte en otras manos.

El oficio del baile es animar,
lanzar los pies al viento,
recordarte locuras.

El oficio del baile es sorprender,
dejar salir la vida,
apasionarte entero.

El oficio del tango

El oficio del tango
es abrazar,
darle ritmo a la vida,
darle cadencia al alma.

El oficio del tango
es recordar,
hacer sitio a la entraña,
hacer hueco al consuelo.

El oficio del tango
es encontrar,
poner música al cuerpo,
poner pies al coraje.

El oficio del tango
es milonguear,
colmar de ochos las risas,
colmar de ganchos las penas.

El oficio del tango
es escuchar,
recorrer cada fibra,
recorrer cada antojo.

El oficio del tango
es arrullar,
vestir de alas los sueños,
vestir de pieles la ausencia.

EL OFICIO DEL TACÓN

El oficio del tacón
es cantar y bailar,
espabilar deseos
y ensayar esperanzas.

El oficio del tacón
es alzar y soñar,
apretar los cimientos
y recorrer senderos.

El oficio del tacón
es lucir y puntear,
acompañar los ritmos
y vestir melodías.

El oficio del tacón
es trepar y volar,
zapatear las nubes
y repicar cadencias.

El oficio del tacón
es pisar y marcar,
caminar de puntillas,
dejar huellas sonoras.

El oficio del viaje

El oficio del viaje es conocer,
darle un paseo al alma
y reconciliarse con las bellezas que ofrece la vida.

El oficio del viaje es admirar,
ver bueno lo de otros
y apasionarse con las maravillas que ofrece la vida.

El oficio del viaje es contemplar,
probar fresas salvajes
y relamerse con las sabrosuras que ofrece la vida.

El oficio del viaje es recorrer,
extender los deseos
y derramarse en los senderos que ofrece la vida.

El oficio del viaje es añorar,
echar de menos tu cama
y asombrarse con las extrañas cosas que ofrece la vida.

El oficio del viaje es encontrar,
descubrir gentes nuevas
y disfrutar con los cariños que ofrece la vida.

EL OFICIO DE LA AVENTURA

El oficio de la aventura es estrenar,
alumbrar buena suerte,
desmigar alegrías.

El oficio de la aventura es sorprender,
salpicar ilusiones,
desnudar los deseos.

El oficio de la aventura es inventar,
escuchar la voz de adentro,
deshilachar los temores.

El oficio de la aventura es sostener,
mecerse en vientos noveles,
desgranar otras palabras.

El oficio de la aventura es anhelar,
explorar los días bravos,
desvestirse de las sombras.

El oficio de la aventura es recorrer,
imaginarse en volandas,
deshojar labio y ensueño.

El oficio de la aventura es alentar,
buscar horizontes limpios,
desterrar repeticiones.

El oficio de la aventura es aprender,
respirar cariños nuevos,
desvivirse por la vida.

EL OFICIO DEL ESPACIO

El oficio del espacio es acoger,
hacer sitio a los cuerpos,
al estar,
al sentido.

El oficio del espacio es contener,
buscar hueco a las penas,
a la fuerza,
al exceso.

El oficio del espacio es cobijar,
dar lugar a las ansias,
al desgarro,
a la angustia.

El oficio del espacio es ocupar,
situar los encuentros,
el amor,
la ternura.

El oficio del espacio es ensanchar,
dar cabida a lo nuevo,
a lo extraño,
a la ausencia.

Krisztina Molnar

El oficio de la tierra
es sostener,
cobijar las raíces,
aventar las fragancias.

EL OFICIO DE LA TIERRA

El oficio de la tierra
es sostener,
cobijar las raíces,
aventar las fragancias.

El oficio de la tierra
es transformar,
cambiar rumor por silencio,
convertir la paja en oro.

El oficio de la tierra
es susurrar,
criar vida lentamente,
enramar color y entraña.

El oficio de la tierra
es regalar,
repartir las simientes,
extenderse en la brisa.

El oficio de la tierra
es halagar,
lucir mieles y racimos,
brotar jazmines y almendros.

El oficio de la tierra
es inventar,
alimentar cuerpo y alma,
ponerle gusto a la vida.

Antoni Quinto Tomasetti

El oficio del mar
es atraparte,
cubrirte de frescura,
volverte sal y vida.

EL OFICIO DEL MAR

El oficio del mar
es atraparte,
cubrirte de frescura,
volverte sal y vida.

El oficio del mar
es ofrecerte,
rebozarte las manos
de placer y sustento.

El oficio del mar
es pasearte,
conducirte por mundos
sorprendentes y nuevos.

El oficio del mar
es esperarte,
saber de tus deseos,
colmarte de aventuras.

El oficio del aire

El oficio del aire
es un ir y un venir,
es subir y bajar,
es murmullo o silencio.

El oficio del aire
es manchar y limpiar,
es respiro y descanso,
es sabor o perfume.

El oficio del aire
es pasar y pasar,
es soplar y alumbrar,
es moverse o estar quieto.

El oficio del aire
es rozar y besar,
es transportar aliento,
y embellecer la vida.

El oficio del aire
es dar final y postre,
es cerrar un momento,
es calmar un antojo.

Isabel Abelleira

El oficio del día
es dar cuenta del sol
y la esperanza.

EL OFICIO DEL DÍA

El oficio del día
es dar cuenta del sol
y la esperanza.

El oficio del día
es olvidar la noche
y hacer vibrar el sueño.

El oficio del día
es abrir la mañana
y esperar la tarde entre sonrisas.

El oficio del día
es caminar ligero y calmo
al mismo tiempo.

El oficio del día
es echar a volar
y confiar la vida al alba nueva.

El oficio de la luz

El oficio de la luz
es echar chispas al alba.

El oficio de la luz
es clarear tu camino.

El oficio de la luz
es acercar la mañana.

El oficio de la luz
es aventar tu fueguito.

El oficio de la luz
es disfrazarse de día.

El oficio de la luz
es inventar tu reflejo.

El oficio de la luz
es alegrar tu mirada.

El oficio de la luz
es tropezarse contigo.

El oficio de la luna

El oficio de la luna
es llenarnos la cabeza de pájaros,
los pies de milonguita
y los brazos del olor del verano.

El oficio de la luna
es llenarnos los bolsillos de fiesta,
los ojos de cristales de agua
y los dedos del perfume a otras pieles.

El oficio de la luna
es llenarnos la maleta de caminos,
el capazo de verduras
y la voz de palabras.

El oficio de la luna
es llenarnos el corazón de sueños,
los deseos de empezares
y los labios de besos.

El oficio de la luna
es llenarnos la ilusión de cosas nuevas,
el tiempo de niños chicos
y los papeles de pura vida.

El oficio de la casa

El oficio de la casa es cobijar,
también es sujetarte,
también probar enojos.

El oficio de la casa es proteger,
también es enseñarte,
también abrirte el alma.

El oficio de la casa es hospedar,
también es darte un hueco,
también es esperarte.

El oficio de la casa es atender,
también es regalarte,
también contar tu historia.

El oficio de la casa es custodiar,
también es esconderte,
también guardar tesoros.

El oficio de la casa es arrullar,
también es dar palabras,
también es algún grito.

El oficio de la casa es censurar,
también es empujarte,
también saber tus miedos.

El oficio de la casa es anunciar,
también es avisarte,
también tener secretos.

El oficio de la casa es prometer,
también es darte vida,
también crecer contigo.

EL OFICIO DE LA CALLE

El oficio de la calle
es caminar,
saludar al vecindario,
encontrarse a algún amigo.

El oficio de la calle
es conectar,
recorrer las aceras,
salpicar los bordillos.

El oficio de la calle
es tantear,
dar vuelta a las esquinas,
pararse en los chaflanes.

El oficio de la calle
es observar,
contemplar escaparates,
escudriñar alma y vida.

El oficio de la calle
es corretear,
respirar soles y lluvias,
esperar lunas y flores.

El oficio de la calle
es admirar,
rozar la vida que pasa,
descubrir los corazones.

EL OFICIO DEL TIEMPO

El oficio del tiempo es caminar,
rellenar de momentos
los pasos y las vidas.

El oficio del tiempo es enhebrar,
envolver con instantes
las gentes y el amor.

El oficio del tiempo es liberar,
acunar los minutos,
las ternuras y el sueño.

El oficio del tiempo es juguetear,
encender los segundos,
los abrazos y la voz.

El oficio del tiempo es escapar,
arrugar las semanas,
los duelos y las risas.

El oficio del tiempo es añorar,
coleccionar los días,
la esperanza y el sol.

EL OFICIO DEL SABER

El oficio del saber es agacharse,
verse pequeño,
reconocerse
en la inmediatez de un reflejo de luz.

El oficio del saber es ignorarse,
verse invisible,
reconocerse
en la sencillez de una piedra menuda.

El oficio del saber es explorarse,
verse perdido,
reconocerse
en la desnudez de un vacío inquietante.

El oficio del saber es alegrarse,
verse brillante,
reconocerse
en la esplendidez de un sorprendente hallazgo.

El oficio del trigo

El oficio del trigo
es ondular los campos,
cobijar amapolas
y dorar esperanzas.

El oficio del trigo
es parir las espigas,
moler los granos recios
y vestirse de blanco.

El oficio del trigo
es llenar las despensas,
detener ansiedades
y colmar agujeros.

El oficio del trigo
es vivir abundancias,
alimentar bellezas
y silbar melodías.

El oficio del trigo
es vibrar con el viento,
teñir el horizonte
y proteger la vida.

El oficio del sueño

El oficio del sueño
es desear,
iluminar secretos,
desenredar antojos.

El oficio del sueño
es reparar,
despertar ilusiones,
desconvocar angustias.

El oficio del sueño
es derramar,
anunciar granizadas,
deshilvanar recuerdos.

El oficio del sueño
es liberar,
acariciar pesares,
desordenar amores.

El oficio del sueño
es chispear,
estrenar pesadillas,
desenterrar tesoros.

El oficio de la risa

El oficio de la risa es cantar
y bailar.
Es mirar a los ojos.
Es guardar la tristeza.

El oficio de la risa es correr
y saltar.
Es jugar con los dedos.
Es chispeo de antojos.

El oficio de la risa es coger
y llenar.
Es relucir de antorchas.
Es encantar deseos.

El oficio del recuerdo

El oficio del recuerdo es atrapar,
almidonar sentimientos,
llenar de brillo la entraña.

El oficio del recuerdo es pasear,
ponerle cuerpo a la historia,
darle calor a la vida.

El oficio del recuerdo es continuar,
hilvanar penas y risas,
bailar con zapatos nuevos.

El oficio del recuerdo es confiar,
guardar alegrías y asombros,
esconder dulces secretos.

El oficio del recuerdo es suspirar,
levantar los corazones,
vestir de ahora el pasado.

El oficio del recuerdo es añorar,
desear la piel y el alma,
acariciar los senderos.

El oficio del recuerdo es despertar,
salpicar de luz los tiempos,
perfumar de amor la ausencia.

Cristóbal Gómez Mayorga

El oficio del silencio es escuchar,
impregnarse de otras voces,
saborear lo entrañable.

El oficio del silencio

El oficio del silencio es contemplar,
mirar hacia el puro centro,
cobijarse en las ausencias.

El oficio del silencio es acallar,
permitir la no palabra,
descansar de los ruidos.

El oficio del silencio es repensar,
meterse en un agujero,
esperar las novedades.

El oficio del silencio es escuchar,
impregnarse de otras voces,
saborear lo entrañable.

El oficio del silencio es dormitar,
tapar líos y jaleos,
silenciar las claridades.

El oficio del silencio es sustentar,
amasar calma y deseo,
atravesar de puntillas.

El oficio de la duda

El oficio de la duda es parpadear
sin saber hacia dónde,
es titubear sin expresarse claro,
es balbucear sin elegir camino.

El oficio de la duda es dar zancadas
sin orden ni concierto,
es ir de puntillas entre cardos y abrojos,
es andar para atrás perdiendo el norte.

El oficio de la duda es regalarnos
libertad e incerteza,
es darnos pie a inventar,
es permitirnos ignorancias y errores.

El oficio de la duda es sentirnos
pequeños,
limitados, sin nido y solos,
sin morir de puro pánico.

El oficio de la duda
es gozar del placer de elegir,
de apasionarse con algo,
de abandonar otras cosas,
de estar vivo en estas lides
de ser persona hoy.

El oficio del duelo

El oficio del duelo
es llorar y llorar,
recordar otras penas,
añorar días dulces.

El oficio del duelo
es nublar y nublar,
es revivir las muertes,
es guardar las sonrisas.

El oficio del duelo
es cerrar y cerrar,
es que el tiempo no corre,
es que los pies no andan.

El oficio del duelo
es confiar y confiar,
que todo sea mentira,
que la esperanza vuelva.

El oficio del duelo
es llevarte a otras manos,
envolverte en cariños,
saborear uvas nuevas.

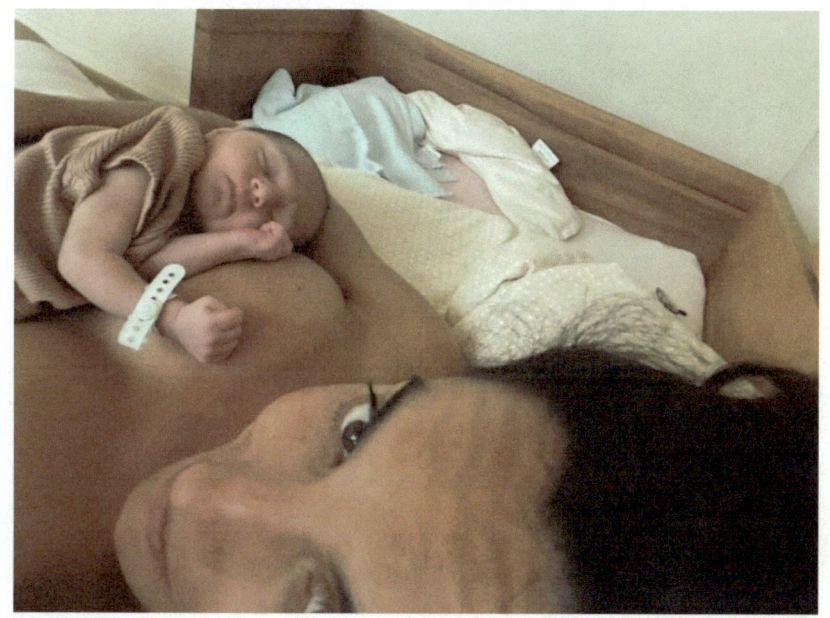

Janiv Oron

El oficio del cariño es apegar,
arrebujar los cuerpos,
desempolvar las almas.

El oficio del cariño

El oficio del cariño es apegar,
arrebujar los cuerpos,
desempolvar las almas.

El oficio del cariño es cobijar,
caminar con mil patas,
sujetar con mil manos.

El oficio del cariño es confiar,
dar presencia a la escucha,
alejar soledades.

El oficio del cariño es enlazar,
construir con sentido,
permanecer con otros.

El oficio del cariño es apalabrar,
reconocer senderos,
atravesar entrañas.

EL OFICIO DE LA VIDA

El oficio de la vida es caminar,
echarle fuerza a la risa,
echarle calma a la pena.

El oficio de la vida es estimar,
llenar de manos la entraña,
llenar de pieles la ausencia.

El oficio de la vida es ensanchar,
haciendo grande el encuentro,
haciendo corto el enojo.

El oficio de la vida es sortear,
saltar riscos y agujeros,
saltar dolores y lágrimas.

El oficio de la vida es esperar,
comprendiendo las faltas,
comprendiendo silencios.

El oficio de la vida es sujetar,
sostener amor y amigo,
sostener alma y encanto.

El oficio de la vida es perdurar
en los ojos de otros,
en la voz y el recuerdo.

El oficio de la vida es acabar,
decir adiós despacio,
decir me voy despierto.

El oficio del amor

El oficio del amor
es amorar,
cobijar los quereres,
sujetar las locuras.

El oficio del amor
es chispear,
despertar al león dormido,
acunar sueños feroces.

El oficio del amor
es hermosear,
pintar de brillo el nublado,
borrarle llanto a la ausencia.

El oficio del amor
es disfrutar,
vestir de fiesta a la vida,
bromear con los enojos.

El oficio del amor
es relatar,
ponerle voz a la historia,
hacerle caso a los cuerpos.

El oficio del amor
es regalar,
descubrir agujeros,
añorar mariposas.

El oficio del amor
es tontear,
bailarse aquel bolerito,
estar mirando a la luna.

ÍNDICE